I0394198

DIESES BUCH GEHÖRT:

____

____

____

www.ingramcontent.com/pod-product-compliance
Lightning Source LLC
Chambersburg PA
CBHW021838170526
45157CB00007B/2842
* 9 7 8 1 0 7 4 7 5 5 2 3 2 *